Eduard & Dennis Kastner

SHOYU & CO.

Japanische Sojasaucen-Kultur

Sojapflanzen sind klimatisch empfindlich, besonders nach der Aussaat. Mittlerweile werden Sojabohnen jedoch auch in Bayern angepflanzt, beispielsweise von der Familie Hefele in Ainhofen (Landkreis Dachau), und zwar mit Biosiegel. Die Ernte erfolgt mit dem Bio-Diesel-Mähdrescher. Übrigens: Sojasprossen sind die Keimlinge der Sojabohnen.

Reife Sojabohnenschoten

Dieses Büchlein über Sojasaucen ist das erste in einer europäischen Sprache. Könnte das daran liegen, dass kein Interesse der Europäer an diesem wohl wichtigsten Bestandteil der asiatischen Küche besteht? Oder wollen die Asiaten über die für sie wichtigste Nebensache ihrer Ernährung nicht schreiben? Mich faszinierte, dass Sojasaucen tatsächlich gebraut werden. Doch die Bierkultur, selbst die eines japanischen Kirin-Biers, ist als Teil dortiger Lebensqualität viel stärker ausgeprägt – wenn auch als Tanz um den Alkohol.

Es gibt viele Arten von Sojasaucen, meist spezifisch für bestimmte Gerichte kreiert. Sie alle sind Mischungen, die es in diesem Büchlein zu erklären gilt. Die Asiaten und besonders die Japaner entwickelten eine Convenience-Küche, lange bevor wir diesen Begriff überhaupt gebrauchten. Alle Würzkomponenten finden sich in der Sauce. Das hindert Spitzenköche oder kulinarisch Interessierte nicht daran, die Fertigsaucen zu verfeinern und abzuwandeln. Dies jedoch immer mit festen, bewährten Rezepten, die meist geheimgehalten werden. Die Unterschiede der Würzung ergeben sich erst im Laufe der Mahlzeiten. Sojasaucen sind Vektoren, die trotz minimaler Unterschiede immer stärker auseinanderdriften. Eine so starke Differenzierung findet sich weder beim gastronomieüblichen Wasabi noch beim eingelegten Ingwer, den weiteren Begleitern der im Westen voll angekommenen Sushi-Küche.

Auch der rohe Fisch als Grundbaustein der japanischen Ernährung variiert mehr in der Frische und natürlich in den verwendeten Fischarten. Der Reis bestimmt sich im Hinblick auf das Gericht. Ein Sushi erfordert Klebereis; die geschmacklichen Unterschiede dieses Reises erkennen nur Experten. Die Sojasauce prägt dominant die wahrgenommene Qualität des Sushis, gibt ihm sein Aroma, ja, das aller Reisgerichte. Es ist an der Zeit, die asiatische Küche über den Schlüssel der Sojasaucen genauer verstehen zu lernen. Die japanischen Sojasaucen nehmen dabei die Spitzenstellung ein – auch preislich.

Eduard Kastner

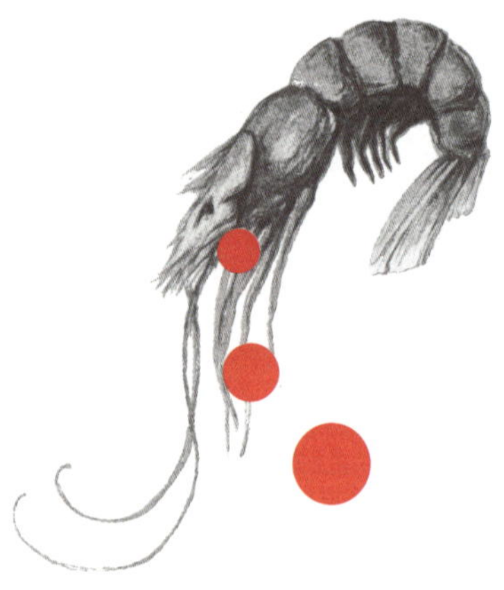

Das Moromi im Taru

Das Brauen der Sojasauce

Gerne verwechseln wir beim Bierbrauen den Sudkessel mit den Gärbottichen als Ort des Brauens. Im engeren Sinne handelt es sich um die Umwandlung von Zucker in Alkohol und CO_2 durch die Bierhefe. Auch bei der Sojasauce haben wir eine Maische, *Moromi* genannt, die vom Tanekoji umgewandelt wird. Der *Tanekoji* (lat. *Aspergillus Oryzae* oder *Soyae*) ist ein Edelpilz, der künstlich beigegeben wird. Er benötigt bis zu eineinhalb Jahre (570 Tage), um diese Fermentierung abzuschließen.

Traditionell werden dafür oben offene Holzfässer, sog. *Kioke*, verwendet. Hier berühren sich wieder die Brauverfahren. In Japan werden u.a. riesige Zedernfässer eingesetzt. Sie heißen *Taru*. Die bei der Fermentierung entstehenden Zucker werden durch zugegebene Weinhefen verbraut.

Im genauen Ablauf werden die Sojabohnen gedämpft (über 100 °C), um Fremdmikroorganismen und Sporen abzutöten. Der für Japan typische Weizen wird geröstet, um anhaftende Mikroorganismen zu eliminieren. Das Ganze wird geschrotet und mit Aspergillus beimpft. Nach drei Tagen hat der Aspergillus seine Enzyme in das Soja und den Weizen gesendet. Es entsteht *shoyu koji* (Trockenmaische). Dann werden die übrigen Zutaten wie Wasser und Salz beigegeben. Das Salz deaktiviert den Aspergillus.

Der Weizen kann auch weggelassen werden; dadurch entsteht eine andere Art von Sojasauce (*Tamari*). Die Enzyme des Tanekoji spalten Soja und Weizen in Aminosäuren mit eigenen Aromen (= Fermentation). Darunter entsteht auch natürliches Glutamat, der Geschmacksverstärker. Den Fässern werden später auch Lactobazillen zugesetzt – Bakterien, die Zucker in Milchsäure zerlegen – sowie Weinhefen für den Brauvorgang, sodass Zuckerstoffe in Aromen und Alkohol verwandelt werden (das eigentliche Brauen). Für edle Sojasaucen kann das Moromi auch mehrere Jahre in den Fässern zur kompletten Umwandlung verbleiben. Neben Zeit spielt die Temperatur eine entscheidende Rolle. Im warmen Sommer ist der Schimmelpilz aktiver. Dann muss das Moromi alle sieben Tage mit einem großen Paddel oder Stab kräftig umgerührt werden. Es entsteht dabei eine Luftzufuhr, *Kai-re*

Die Trockenmaische Shoyu Koji

genannt. Im Winter reichen alle zwei Wochen fürs Umrühren.

Allmählich nimmt das Moromi die dunkle Farbe an. Sie ist das Ergebnis der „Maillard-Reaktion". Dabei verbinden sich Glukose und andere Zuckerarten mit Aminosäuren zu einem braunen Pigment, dem *Melanoidin*. Von Jahr zu Jahr und von Fass zu Fass schmeckt die Sojasauce unterschiedlich. Die alten Fässer tragen zur Geschmacksbildung bei. In ihnen halten sich eigene Mikroorganismen, während der Salzgehalt unerwünschte Mikroorganismen verhindert.

Am Ende wird das Moromi über zehn Stunden durch dreifach gefaltete Tuchfilter gepresst. Von 1000 Litern bleiben 800 Liter fertige Sojasauce, „volle Sojasauce", übrig. Sie duftet nach frischen Früchten und wird vier Tage in einem Absetztank gelagert, um weiter Öl (Anteil 30 %) und feste Bestandteile auszuscheiden. Um den Fermentierungsprozess zu stoppen, wird die Sojasauce auf 80 °C erhitzt und dann in sterile Flaschen gefüllt. Wie beim Treber der Bierherstellung wird der herausgefilterte feste Bestandteil, der Soja-Weizen-Kuchen, an Tiere verfüttert.

Das Umrühren des Moromi

Produktionsprozess bei der Sojasaucen-Herstellung

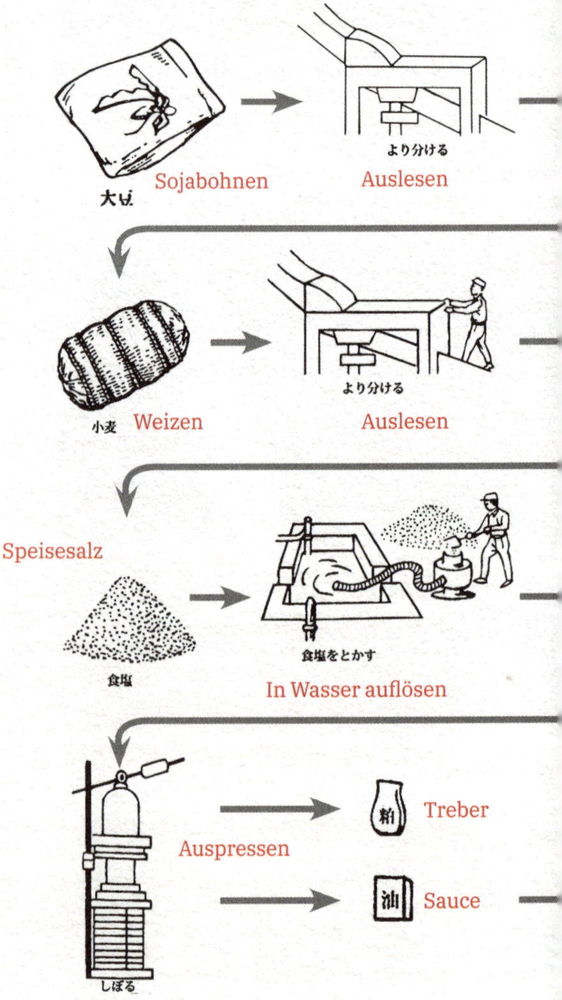

大豆 Sojabohnen

より分ける
Auslesen

小麦 Weizen

より分ける
Auslesen

Speisesalz

食塩

食塩をとかす
In Wasser auflösen

しぼる
Auspressen

粕 Treber

油 Sauce

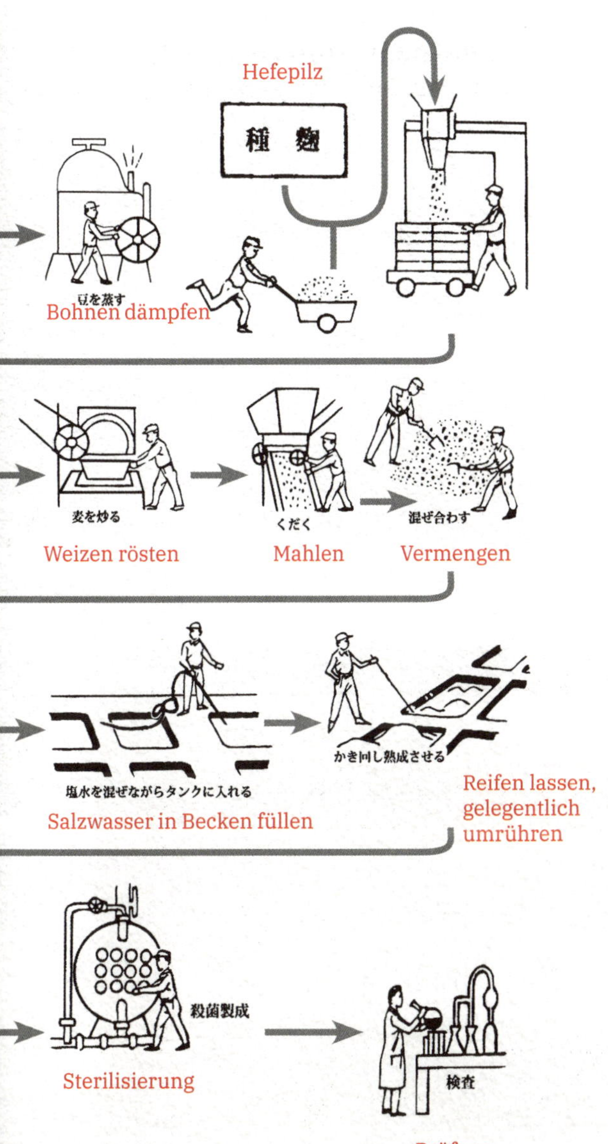
Hefepilz
種 麹
豆を蒸す
Bohnen dämpfen
麦を炒る
Weizen rösten
くだく
Mahlen
混ぜ合わす
Vermengen
塩水を混ぜながらタンクに入れる
Salzwasser in Becken füllen
かき回し熟成させる
Reifen lassen, gelegentlich umrühren
殺菌製成
Sterilisierung
検査
Prüfung

Dieses traditionelle Brauen mit entsprechend hohen Kosten passt freilich nur noch begrenzt in die moderne Lebensmittelindustrie. In Japan gibt es gerade noch 40 solcher Manufakturen (1 % der Produktion). Hinzu kommt das Problem, dass keine unerwünschten Mikroben in den Brauprozess geraten dürfen. Holzfässer und -bottiche können nicht so gut gereinigt werden, wie es für die heutigen Lebensmittelbestimmungen nötig ist.

So dürfen diese Manufaktur-Sojasaucen nicht in die EU eingeführt werden bzw. wäre der Qualitätsnachweis zu kostenintensiv. So wird heute modernste Brautechnik für die Herstellung der Sojasaucen eingesetzt – selbst in Japan.

Die Presse

Das Abklären

Kikkoman, der Hoflieferant des japanischen Kaisers (*Tenno*) für Sojasaucen, hat diese Brautechnologie perfektioniert, in der jedoch nur der natürliche Brauprozess auf 6 Monate beschleunigt, aber keine Zusatzchemie eingesetzt wird. Es bleibt also bei den vier Zutaten als Erkennungszeichen traditionellen Brauens: Sojabohnen, Weizen, Wasser und Salz. In den Kaiserpalast wird aber Kikkomans Sojasauce aus historischer Holzfass-Brauweise geliefert (*Goyougura Shoyu*).

In Japan darf nur der traditionelle Herstellungsprozess eingesetzt werden; eine Vorgabe ähnlich unserem Reinheitsgebot. Das schließt aber moderne Brautechnik nicht aus. Vielmehr wird der Brauprozess durch Sauerstoffzufuhr optimiert und bei konstanten 34 Grad Moromi-Temperatur verkürzt, ohne aber auf die volle Fermentation zu verzichten. Hinzu kommen perfekte Hygiene und ständige Laborkontrollen. Bei einer Brauzeit, die sechs Monate überschreitet, käme es zu einer Geschmacksverschlechterung aufgrund abiotischer Reaktionen. Dieser höchste Standard traditionellen Brauens wird auch im Europawerk Kikkomans in Sappomeer/Niederlande eingesetzt.

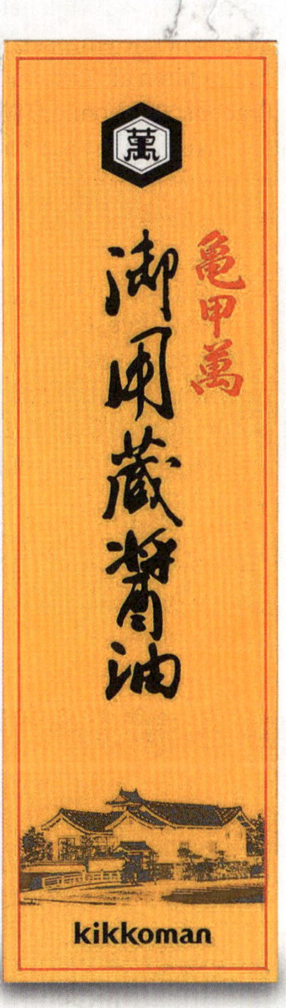

Goyougura Shoyu

Die Goyougura-Shoyu-Brauerei

Das Goyougura Shoyu entsteht

Während die traditionellen japanischen Sojasaucen-Brauer bei den Zutaten streng auf Regionalität setzen, trifft dies allgemein für Sojasaucen nicht mehr zu. Es liegt aber im Ermessen des Herstellers, die Qualität der verwendeten Ausgangsprodukte hoch anzusetzen und so beispielsweise nur Meersalz (japanisch *shio*) oder keine gentechnisch manipulierten Sojabohnen zu verwenden (z.B. bei Kikkoman).

Das Soja wird vielfach im Voraus entölt, also entfettet, weil dieses Öl am Schluss schwieriger zu trennen ist. Ohne Trennung würde die Sojasauce schnell ranzig werden. Das Öl ist dann auch reiner und besser küchentauglich.

Das Umrühren des Goyougura Moromi

Um den Preis zu senken, werden Sojasaucen aber auch künstlich hergestellt. In großem Maßstab werden in Stahltanks chemische Prozesse mit Wärme forciert und die dunkle Färbung aus Zucker (Karamel) künstlich hinzugefügt. Es werden dann keine Sojabohnen verwendet, sondern mit Hexan entfettetes Sojaextrakt. Der Fermentationsprozess wird durch Hydrolyse mit Salzsäure ersetzt, wobei Natronlauge/Natriumkarbonat neutralisiert. Dem wird Mais- oder Glukosesirup und Melasse hinzugefügt. Es entsteht so ein weniger runder Geschmack. Fachleute erkennen den Unterschied zur klassisch gebrauten Sojasauce am strengen Geruch. Für Europa werden diese Industrie-Sojasaucen vor allem in den Niederlanden hergestellt. Diese chemische Herstellung von Aminosäuren wurde vom Schweizer Julius Maggi erfunden; er wollte mit diesem Eiweiß die Landbevölkerung versorgen, um Fehlbildungen zu verhindern. Fleisch war damals zu teuer.

Die Reifetanks von Kikkoman

Der Weizen wird präpariert bei Kikkoman

SHOYU

Shoyu ist die japanische Übersetzung von Sojasauce. Allerdings muss Shoyu neben Soja, Salz und Wasser mit Weizen hergestellt sein. Es existieren mehrere Varianten:

- Das **dunkle Shoyu** (*Koikuchi*), das wir als normal, typisch einstufen; es stammt ursprünglich aus der Region Tokio und stellt heute 80 % der Shoyu-Produktion.

- Das **helle Shoyu** (*Usukuchi*) aus der Kansai-Region, sehr salzig, das aber nur im flachen Tellerchen seinen Farbunterschied zeigt. Mit sehr feinem Umami-Geschmack.

- Das **Shiro Shoyu**, das transparente Shoyu, die „weiße" Würzsauce, bernsteinfarben, bei Erhitzung aber nachdunkelnd. Der Salzgehalt ist schmeckbar. Hier wird viel mehr Getreide als Sojabohnen fermentiert. Streng genommen enthält Shiro Shoyu überhaupt kein Soja und ist damit keine Sojasauce, aber dennoch eine Shoyu. Im Brauprozess entsteht mehr Alkohol. Das japanische Reinheitsgebot lässt alle Getreidearten, selbst Reis, zu.

Usukuchi

Shiro Shoyu

- Das **süße Shoyu** (*Amakuchi*), verwendet im Süden Japans, dem Zucker als fünfter Bestandteil zugefügt wird. Sie dient am Schluss des Kochens zum Verfeinern.

- Das **Sai-shikomi** = doppelt gebraut. Dem ersten Reifegang mit einfachem Salzwasser schließt sich ein zweiter an, in dem das Moromi aus Bohnen- und Weizenmasse mit bereits fertiger dunkler Sojasauce aus ein- bis zweijähriger Reifezeit versetzt wird und sich dann noch mehrere Jahre im Fass intensiviert. Sai-shikomi hat einen stärkeren Geschmack als Tamari.

- Das **schwarze Shoyu** („Kochkaramel") mit fast sirupähnlicher Konsistenz. Es kommt in Japan nicht vor, sondern dient der chinesischen Küche. Hier wird Melasse (dunkelbrauner Zuckersirup) als fünfte Zutat zugegeben, deren Zucker karamellisiert und einen Holzkohlegeschmack entfaltet. Sie ist aber nur leicht süß, wenig salzig und ihr intensives Aroma erinnert an Metall. Die Farbe kann auch vom langen Erhitzen bei niedrigen Temperaturen herrühren (Maillard-Reaktion).

Shoyu wurde so für die Japaner zum „Balsamico" – zwar nicht als tatsächlicher Essig, aber vergleichbar in Färbung und Wertigkeit. Der typische Geschmack nennt sich *umami*. Der japanische Forscher Kikunae Ikeda beschrieb vor 100 Jahren *umami* als fünfte

Geschmacksrichtung nach süß, sauer, salzig und bitter. Abgeleitet von *umai*, was „fleischig" und „herzhaft" bedeutet, drückt es eine Empfindung für Eiweiße aus. 2002 entdeckten Neurologen, dass unsere Zunge tatsächlich über Geschmacksrezeptoren verfügt, die *umami* ans Gehirn melden, sobald sie einen Eiweißbaustein – v.a. das aus dem Amin Glutamin entstandene Glutamat – wahrnehmen. Sojasaucen enthalten viel davon. An *umami* sind mehr als 20 Aminosäuren beteiligt.

Ähnlich wie bei Wein, Whisky und vielen anderen Kultgetränken werden bei der Reifung Fässer aus vorheriger anderer Nutzung verwendet, um neue Geschmacksnoten aus den Fässern abzuleiten (Barrique-Fass etc.). Das trifft auch für Shoyu zu. Weißer Shoyu (*Shiro Shoyu*) kann so in ehemaligen Whisky-Fässern gelagert werden.

Auch hat sich zur Geschmacksverstärkung bewährt, etwas Alkohol beizugeben (wie beispielsweise beim weißen Shoyu weißer Rum); dies jedoch sehr dezent. Allerdings entsteht nach der Fermentierung mit Umwandlung von Soja- und Weizenstärke in Zucker auch Alkohol aus dem Brauprozess mit den Hefen. Je mehr Getreide eingesetzt wird, desto mehr Alkohol entsteht, der neben Salz und Milchsäure die Sauce stabilisiert. Der Salzgehalt kann dadurch niedrig gehalten werden.

So konservativ die Japaner gerade in ihrer Küche auch sind, versäumten sie dennoch, gesetzliche Normen für die Lebensmittelzusammensetzung und -herstellverfahren zu erlassen – mit Ausnahme des Reinheitsgebots für Shoyu –, weshalb der Kombinations- und Variationsraum bis ins Unendliche reicht. Eine Variante ist die Räucherung des Shoyu oder zumindest das Hinzufügen eines Räuchergeschmacks (Smoked Shoyu). Die Firma Yaemon als Lieferant hinter der Handelsfirma Arche verwendet Kirschholzrauch.

Trotzdem gibt es diverse Qualitätskontrollen, sog. *Kikimi*, also Verköstigungen, unseren Bonitierungen oder Award-Valuierungen vergleichbar, die Benchmarks setzen und damit Tradition vorgeben.

Tamari

Hier wird auf Weizen in der Maische (*moromi*) verzichtet. Als Grundstoff dienen nur Sojabohnen. Tamari wird als Ur-Sojasauce angesehen – Yuasa gilt als ihr Geburtsort. Sie ist glutenfrei. Allerdings gibt es Tamaris im Handel, bei denen etwas geröstete Gerste und ein Hauch von Mirin (alkoholhaltige fermentierte Vollkornreis-Sauce) mitvergoren werden. Streng genommen enthält Tamari keinen

Klassisch gefertigt

ARCHE
NATURKÜCHE
Tamari
atürlich fermentierte Sojasauce
base di soia a fermentazione naturale
de soja fermentée naturellement
ARCHE
NATURKÜCHE
CEDARWOOD
TAMARI
NATÜRLICH FERMENTIERTE SOJASAUCE / SALSA A BASE DI SOIA A FERMENTAZIONE NATURALE / SAUCE DE SOJA FERMENTÉE NATURELLEMENT
TRADITIONALLY AGED IN CEDARWOOD
145 ml
DE-136-001
BIO
ARCHE
NATURKÜCHE
Shoyu
Original japanische Sojasauce
Salsa di soia originale giapponese
Sauce soja originale

Alkohol. Es wird auch nicht gebraut; insbesondere wird keine Weinhefe zugesetzt.

Die Tamari-Sauce gilt als etwas dickflüssiger und dunkler als das Standard-Shoyu (*Koikuchi*) und ist im Geschmack auch intensiver. Für die Japaner gilt Tamari als 5. Art des Shoyu.

Der Flaschenhals-Test

Schütteln Sie die Sojasaucenflasche einmal langsam und vorsichtig. Natürlich gebraute japanische Sojasauce zeigt eine rehbraune, transparente Farbe und ist von dünnflüssiger Konsistenz.

Der Essstäbchen-Test

Natürlich gebraute Sojasauce perlt in kleinen Tröpfchen von einem Essstäbchen.
Der Verbrauch/die Herstellung des Shoyu gliedert sich in Japan folgendermaßen: 60 % Koikuchi, 35 % Usukuchi, die restlichen 5 % teilen sich Tamari und alle übrigen Sorten.

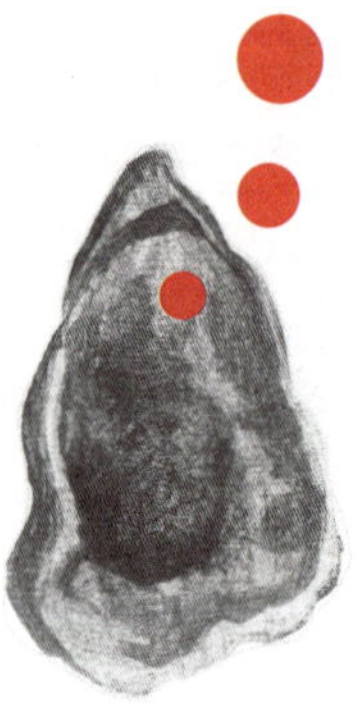

李錦記
LEE KUM KEE
DOUBLE DELUXE
SOY SAUCE

Auch Bambusstäbe dienen zum Umrühren.

Zur Geschichte der Sojasauce

Ihren Ausgangspunkt nahm die Sojasauce in China. Dort wurde neben dem Einsalzen von Speisen zur Konservierung (*jiang*) als Nebenprodukt eine Paste aus fermentierten Sojabohnen zur Würzung der Speisen entwickelt, genannt *hishio*. Sie wurde am Kaiserhof im achten Jahrhundert v. Chr. dokumentiert, soll aber 1600 v. Chr. ihren Ursprung haben.

Ein japanischer Mönch brachte angeblich das hishio 1254 nach Japan und bemerkte, dass sich während der Fermentierung der hishio-Paste eine würzige Sauce bildete. Diese Tamari genannte Sauce gilt als der Urtyp der japanischen Sojasauce. In der Weiterentwicklung wurde Weizen hinzugefügt und der Herstellungsprozess verbessert. Die Zeit des Übergangs des hishio von China nach Japan wird sehr unterschiedlich dargestellt und reicht von 700 n. Chr. bis 1500 n. Chr. Auch der Grund variiert: zenbuddhistische Mönche sollen z.B. den Verzehr von Fleisch und Fleischsaucen zur Würzung abgelehnt haben und deshalb das rein pflanzliche hishio eingeführt und weiterentwickelt haben.

In der Edo-Zeit boomte bereits die Shoyu-Produktion. Die Familien Mogi und Takanashi in Noda, die späteren Gründer von Kikkoman, produzierten bereits im 17. Jahrhundert Shoyu im großen Stil. Niederländische Seefahrer und Händler brachten zu dieser Zeit das Shoyu nach Europa. Im 18. Jahrhundert bestand reger Handel zwischen Japan und Amsterdam.

Die Engländer folgten schnell den Aktivitäten der Niederländer, bezogen aber die Sojasaucen aus China. Von England wurden sie in die USA exportiert. Den historischen Beziehungen zwischen den Niederlanden und Japan ist es zuzuschreiben, dass Kikkoman und andere japanische Hersteller ihre Werke für Europa in den Niederlanden errichten ließen.

Zum Test (Kikimi) bereit.

SHOYU-KOMPOSITIONEN

Die Tradition der Asiaten – und besonders der Japaner –, eine Komplett-Würze für Kochprodukte einzusetzen, führte zu vielen Saucen, bei denen Shoyu nur einen Teil darstellt. Die Tatsache, dass hier kaum mehr Holzfass-Shoyu verwendet wird, stört den Konsumenten nicht. Zum Teil wirken die Mischungen auch sehr gewagt, künstlich und „laut". Diese Modeschreie der Shoyu-Mischungen sollen hier aber hinter bewährten Kompositionen zurückstehen.

Teriyaki

Der Name bedeutet Glanz (*teri*) und Grillen/Schmoren (*yaki*). Es handelt sich um eine Marinade-Sauce für Fisch, Fleisch und Gemüse, die vor dem Grillen oder Schmoren hinzugegeben wird. Die eingelegten Produkte erhalten dadurch einen appetitanregenden Glanz. Neben Shoyu finden sich in dieser Sauce Mirin (süßer Kochwein, aus Reis gebraut), Sake (Reiswein) und Zucker/Honig. Teriyaki stellt eine gelungene Kombination aus süß und sauer dar. Paprika, Ingwer und Knoblauch werden eingesetzt, um der Mischung mehr Pfiff zu geben. Es gibt hierzu zahlreiche Rezepte und sogar mehrere Teriyaki-Produkte des gleichen Herstellers (z.B. Kikkoman).

Teriyaki lässt sich auch selbst aus Tamari herstellen: Etwas Reiswein (Sake), Mirin (alkoholhaltige Sauce aus fermentiertem Vollkornreis bzw. aus Reis gebrauter süßer Kochwein), Zucker, Essig, Chili und Knoblauch vermischen. In der klassischen Rezeptur werden Sake, Shoyu und Zucker zu gleichen Teilen gemischt und bei geringer Hitze auf die Hälfte des Volumens reduziert. Die geringe Hitze verhindert das Karamellisieren des Zuckers und die Verflüchtigung des Alkohols. Anstelle von Sake kann Mirin zum Einsatz kommen oder auch Honig statt Zucker. Während Paprika, Ingwer und Zitrusfrüchte (Saft, Schalenabrieb oder Stücke) zur Verfeinerung dienen, schließt dieses Rezept Zwiebeln und Knoblauch aus.

IDEAL FÜR FLEISCH · GEFLÜGEL · FISCH ·
KIKKOMAN
TERIYAKI
MARINADE & SAUCE
Schnell & Einfach
Schnell & Einfach
Schnell & Einfach
FOR YOUR FAVOURITE DISH
KIKKOMAN
TERIYAKI
BBQ-Sauce
Mit Honig

250 ml
KIKKOMAN®
PONZU
Würzsauce mit
Zitrusaroma
ZITRONE

Ponzu

Shoyu lässt diese Mischung aus Reisessig, Mirin, Bonito-Flocken (Thunfischart), Kombu-Algen (Fingertang, eine Edel-Braunalge) und den Saft einer Zitrusfrucht (z.B. Yuzu oder Sudachi) zum Hit werden. Geschmacklich kann diese fruchtige Sauce aber in alle Geschmacksrichtungen tendieren: süß, salzig, bitter, sauer – oder alles zugleich.

Sie wird in Japan beispielsweise zu zarter Seeteufelleber serviert. In einfachster Form wird Shoyu mit dem Saft einer Zitrusfrucht vermischt und nennt sich dann *Ponzu*.

Tsuyu

Tsuyu bedeutet auf Japanisch schlicht „Sauce“. Zu Shoyu gesellen sich Mirin und Dashi-Brühe (Fischsud, meist mit Thunfisch und braunem Seetang). Sie dient als Dip für Nudeln wie Udon und Soba (*men tsuyu*), aber auch Tempura (*ten tsuyu*), zusammen mit Frühlingszwiebeln bei Nudelgerichten und geriebenem Rettich bei Tempura.

Gomadare

Als Grundlage dient eine helle Sesam-Sauce aus *nerigoma* (Sesampaste aus ungeschälten Sesamsamen). Dazu gesellen sich Shoyu, Mirin und Dashi (Fischsud, meist aus Thunfisch mit braunem Seetang). Gomadare wird meist für das Dippen von Rohkost und Nudeln sowie von *Shabu Shabu* (japanisches Fleischfondue) verwendet.

(Usutã) Sõsu

Diese Sauce (japanisch *sõsu*) ist eine Variante der englischen Worchester-Sauce: eine Mischung aus Shoyu, verschiedenen Sorten Gemüse und Obst, jeder Menge Gewürzen, Dashi, Reisessig und Zucker. Sie kommt bei westlich geprägter Küche (*Yôshoku*) auf den Tisch. Die dickflüssigere Variante *nõkõ sõsu* begleitet das *Tonkatsu* (paniertes und frittiertes Schnitzel – ja, das gibt es auch in Japan!).

Japanische Köche und Köchinnen sind stolz auf eine Variation der im Handel gekauften Shoyu. Dafür wird das Shoyu gerne mit Fischsaucen behutsam gestreckt.

Mirin

Die häufig als „süßer Kochreiswein" bezeichnete Sauce entsteht wie Shoyu durch Fermentation und Brauen, wobei Sojabohnen durch Vollkornreis ersetzt werden. Zusätzlich wird Zucker beigegeben. So entsteht mehr Alkohol als bei Shoyu. Die Reifezeit kann auch viele Jahre betragen. Hier bildet sich ebenfalls der Umami-Geschmack. Eine Mirin bekommt den Zusatz Hon, wenn eine klassische traditionelle Herstellung vorliegt.

Hon mirin

Megachef
GOLD MEDAL
ENDORSED BY COELIAC AUSTRALIA
GLUTEN FREE
GB-022-002
น้ำปลาแท้
PREMIUM FISH SAUCE
特級魚露
Traditionally prepared with fresh anchovies and pure sea salt
NET 16.7 Fl. Oz. (500 ml)

Shoyu-Ergänzungen

Fischsauce

Sie ist im ganzen asiatischen Raum verbreitet. Junge Anchovis (Sardellen) werden fermentiert unter Zugabe von Wasser, Salz und Hefepilz. Die Lagerzeit ist im Gegensatz zu Sojasaucen beschränkt. Auch hier wird am Ende abgefiltert und erhitzt. Die hellbraune, wässrige Sauce riecht stark nach Fisch. Beim Strecken von Shoyu verschwindet dieser Geruch aber völlig – ähnlich, wie Shoyu Fischen den typischen Geruch nimmt. Die Fischsauce dient als potenter Geschmacksverstärker.

Austernsauce

Ursprünglich entstand diese Sauce aus der Fermentation von Austern. Nun werden Fische oder Austernextrakt verwendet. Hinzu kommen Salz, Zwiebeln und Knoblauch, in Shoyu gekocht. Die Mischung wird mit Maismehl angedickt, sodass sich eine sirupartige Würzsauce ergibt. Die meisten Hersteller fügen Zuckercoleur (E150a) und als Geschmacksverstärker künstliches Glutamat (E621) hinzu. Das ergibt ein strenges, salziges und leicht fischiges Aroma.

In den Asia-Restaurants kommt sie als Mischung aus chinesischer Sojasauce und der sirupartigen Original-Austernsauce, aber unter demselben Namen, auf den Tisch. Die Sojasauce nimmt auch hier den Fischgeruch weg.

NAM PLA
OYSTER
BRAND
FISH SAUCE
ORIGINAL
Net Contents /
Nettoinhalt /
Netto Inhoud /
Contenu Net /
Nettoindhold /
Nettosisältö /
700ml

Irizake-Sauce

Diese traditionelle Sauce wurde vor dem Shoyu verwendet. In der Edo-Periode war sie gar die meist verwendete Würze und schuf bereits das Umami-Aroma. Hergestellt aus Reiswein, eingelegten Pflaumen und getrockneten Bonito-Flocken (sog. *Katuobushi*) ist sie sehr breit einsetzbar, auch als Ergänzung zu Shoyu.

Markus Shimizu

Die einzige deutsche Soja-Brauerei

Markus Shimizu betreibt in Berlin Moabit, in der Stephanstr. 24, Mimi Ferments die einzige traditionelle Shoyu-Herstellung in Deutschland. Sie ist kleiner als die traditionellen Shoyu-Brauereien in Japan; dennoch ist das Interesse an seinen exzellenten Produkten groß. In den Laden, einem Teil seines Produktionsraums, kommen ständig Kunden, um zu probieren und zu kaufen. Manche erwerben auch Tamakoji, um zuhause selbst Miso oder Shoyu herzustellen. So steht die Produktion am räumlichen Anschlag. In einem Außenlager reifen seine Produkte in weiteren Fässern.

Den Vornamen erhielt Markus Shimizu von seiner deutschen Mutter. Die ersten acht Jahre seines Lebens wuchs er in Japan auf, dann zogen seine Eltern in die Niederlande. Markus Shimizu studierte Kunst, doch mehr und mehr zog ihn die Fermentation in ihren Bann. Aus den Experimenten entstand die Firma „Mimi Ferments“. Das handgeschriebene „mimi“ dient als Firmenzeichen, findet sich über der Eingangstüre und auf allen Etiketten. Heute zählt Mimi Ferments schon drei feste

Die Mitarbeiter von Mimi Ferments

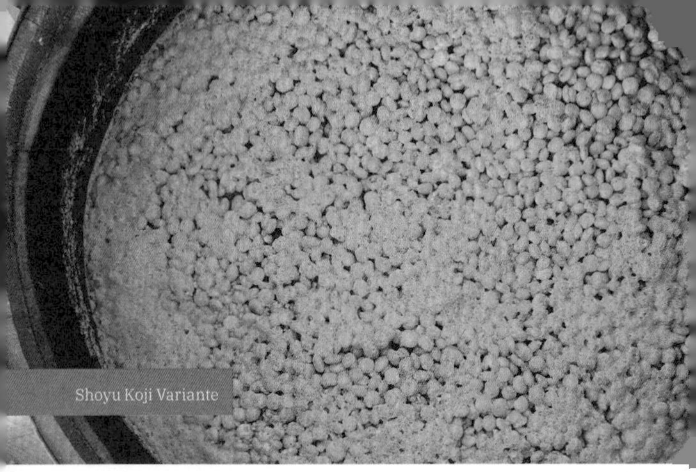

Shoyu Koji Variante

Bestes Miso entsteht

Kurz vor dem Pressen

Mitarbeiter. In einem beheizten Seitenraum stapeln sich die frisch mit dem Tamakoji angesetzten Sojabohnen und Getreide. Die Einwirkzeit beträgt wie überall drei Tage, ehe in Fässern und Steinzeug-Bottichen Salz und Wasser beigegeben werden und die Maische (*moromi*) ihre lange Fermentierungszeit antritt: Bei Usukuchi Shoyu ein Jahr, bei Koikuchi Shoyu zwei Jahre. Die Fässer kommen von deutschen und französischen Weinbauern. Bei neuen wird neben Zedernholz auch die Sicheltanne eingesetzt. Markus Shimizu verwendet aber auch ehemalige Whisky- und Rumfässer, inbesondere für seine einmalige *Hon Mirin*, der er noch einen achtjährigen Barbados-Rum beigibt. So kommen 13,8 % Alkohol zusammen. Hon Mirin zählt als Reislikör. Die Lagerdauer verbessert die Qualität, was bei ausgereiftem Shoyu nicht erfolgt. Weinhefe wird in Berlin für den Brauprozess nicht benötigt. Sie kommt aus der Luft. Den Tamakoji (Aspergillus Oryzae und Sojae) kauft Markus Shimizu in Japan ein. Dabei gibt es verschiedene Stämme – einige mit weißem Schimmel, andere gehen ins Grünliche. Neben Weizen setzt Shimizu auch Einkorn an, beide aus deutscher Bioproduktion. Für seinen shiro (= weiße) Shoyu fügt er dem Weizen Lupinen zu – und auch 15 % Sojabohnen. Dafür überrascht er uns mit einem *Soba Shiro Tamari* (weißer Tamari), das zu 100 % aus Buchweizen besteht. Sein (schwarzer) Tamari freilich entspricht dem klassischen – ganz ohne Getreide, zu 100 % aus Sojabohnen.

In Berlin wird am Ende der Reifezeit nach dem Herauspressen der festen Bestandteile und mehrtägiger Klärung nicht pasteurisiert. Deshalb sollen alle Produkte, auch vor dem Öffnen, gekühlt aufbewahrt werden. Besonders wichtig bei Soba Shiro Tamari! Die Haltbarkeit beträgt so auch mindestens ein Jahr. Erst dann verändern sich Farbe und Geschmack. Die Shoyus von Mimi Ferments sind aber danach noch unverändert gesund und genießbar. Der Salzgehalt der Mimi Ferments Shoyus ist noch geringer als bei Kikkoman.

Miso

– der Ausgangspunkt der Fermentationen Shimizus – sind mit einigen Sorten im Verkauf auch heute noch so wichtig wie Shoyus und Mirins. Sojabohnen werden gedünstet, zerkleinert und mit Aspergillus Oryzae drei Tage angesetzt. Danach werden sie wie bei der Tamari-/Shoyu-Herstellung zur Fermentation gelagert. Als zweite Komponente dienen Reis/Naturreis, aber auch Gerste, Weizen, Roggen, Hirse, Hanfsamen, Quinoa, Mais, Amarant, Kichererbsen, Adzukibohnen, Ingwer, Sagopalmfarn-Samen oder Gemüse. Es kommt auch Salz hinzu, um den Schimmelpilz einzugrenzen, wobei ein Anteil Wasser nötig ist; allerdings ist dieser deutlich geringer als bei Shoyu. Die Miso-Paste dient als Zugabe bei vielen japanischen Gerichten. Sie ist die braune Butter Japans. Die Misosuppe wird durch sie bestimmt.

In der tradtionellen Fertigung werden die Fermentationsbottiche mit Steinen beschwert. Sie finden sich in Berlin freilich nicht mehr; dafür reift das Miso z.B. 18 Monate im Barrique-Fass. Das *ama* (süße) Miso enthält Zucker. Für die Großmengenproduktion werden heute Feststoff-Bioreaktoren eingesetzt. Miso ist sehr nahrhaft und gesund, entspricht dem buddhistischen Lebensstil und dient seit dem Mittelalter (ab 1185) der japanischen Grundernährung.

mimi miso
Zutaten: Sojabohnen, Reis, Meersalz.
A.Oryzae
Angesetzt am 23.08.2020
900
mimi, Stephanstr 24, 10559 Berlin / www.mimiferments.co

Mimi Ferments-Produkte

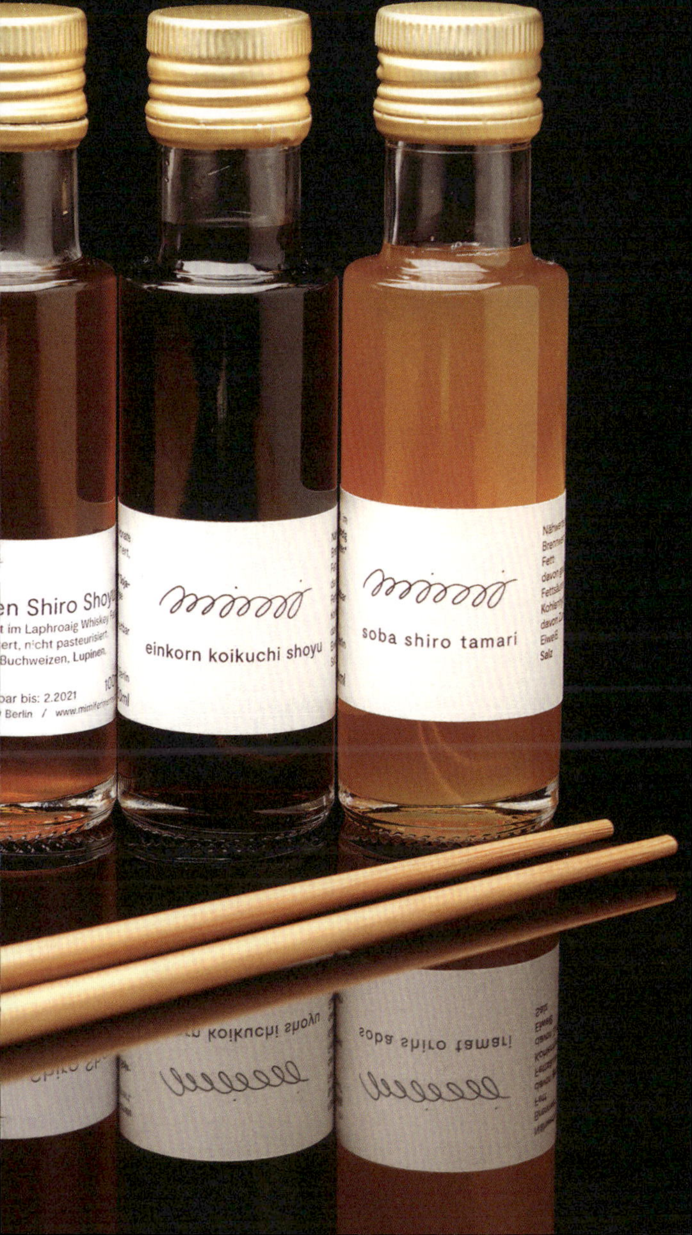

einkorn koikuchi shoyu

soba shiro tamari

Die Lupinenkochwürze

Dem Selbstbewusstsein der Österreicher Peter Troißinger, Koch, und Christof Winkler-Hermaden, Weinproduzent, verdankt diese Würzsauce aus dem Malerwinkl, dem Vulkanland, ihre Verbreitung. Anstelle von Sojabohnen kommen Süßlupinen (Wolfsbohnen) zur Fermentierung. Sie besitzen einen ähnlich hohen Eiweißanteil. Die Süßlupinen werden eingeweicht, angekeimt und dann gedämpft. Als Pilz wird ebenso der Koji/Aspergillus zum Gemisch aus den vorbereiteten Süßlupinen und Weizenmalz zugegeben. Die Inkubationszeit in einer Kiste dauert ebenfalls drei Tage. Das verschimmelte Gemisch wird dann in großen Tanks mit Wasser und Salz vermischt und steht ein halbes Jahr zum Fermentieren/Brauen. In einer Stempelpresse wird danach die Flüssigkeit abgesondert und in einem Holzfass gelagert. Erst bei Bedarf wird pasteurisiert und abgefüllt, um den Alterungsprozess zu stoppen. Je länger die steirische Würzsauce im Holzfass verbleibt, desto salziger und weicher wird sie. Sie schmeckt aber viel dünner als klassisches Shoyu und entwickelt immerhin ein leichtes Umami – eine Verneigung vor der hohen Kunst der japanischen Shoyu-Produzenten.

MALERWINKL
BASIS
WÜRZ
SAUCE
AUS SÜßLUPINEN
Seit 2016
www.malerwinkl.com
200ml

Die Sojasaucen Asiens

Sojasaucen gehören prägend zur gesamten asiatischen Küche. Trotzdem verläuft ihre Herstellung nirgendwo so gewissenhaft und traditionell wie in Japan. Alle außerhalb gelegenen Regionen setzen höchstens 6 Monate für die Fermentation an. Sie läuft in Stahlfässern oder in Plastikbehältern ab. Andererseits gibt es überall auch doppelt gebraute Edelsojasaucen. Im Geschmack und in der Konsistenz unterscheiden sie sich signifikant. So entspricht, grob definiert, die helle chinesische Sojasauce der dunklen japanischen, ist aber salziger, während die dunklere, dickflüssigere, malzigere gesüßt ist (Karamell-Gehalt aus Palmzucker, Sirup und Maisstärke). Das gilt generell für alle asiatischen Sojasaucen. Der unterschiedliche Geschmack einer thailändischen zu einer chinesischen Sauce kommt von zusätzlichen Komponenten wie beispielsweise der Schärfe von Chili. Indonesien und Malaysia lieben es süßer. Ihr **Ketjab Manis** wird zusätzlich mit Palmzucker und Reisessig hergestellt. Davon leitet sich übrigens die Bezeichnung „Ketchup“ ab. Korea hat noch eine

spezielle Sojasauce für Suppen entwickelt: Gukganjang (eine dünnere Tamarisauce). Thailand bereitet sein Sukiyaki mit einer eigenen Sauce vor, fermentiert aus Tofu, Wasser, rotem Reis, Zucker, Salz, Essigdestilat, Sojaöl und Sojasauce.

Eine kantonchinesische Spezialität ist die **Hoisin-Sauce**, die typischerweise auch in Vietnam verwendet wird. Sie ist dunkel, dickflüssig, schmeckt sehr kräftig und süßlich. Auch sie ist aus Sojabohnen gebraut – unter Zusatz von Knoblauch, Essig, Mehl, Zucker, Salz, Sesamöl, Sternanis und Chilischoten. Ursprünglich wurden Süßkartoffeln anstelle von Mehl verwendet, kommen aber auch heute noch gelegentlich hinzu, ebenso wie das Fünf-Gewürze-Pulver (echter Sternanis, Szechuanpfeffer,

Zimtkassie, Fenchel und Gewürznelke). Die Hoisin-Sauce dient beispielsweise als Dip zu Frühlingsrollen. Sie kommt bei der Peking-Ente und Spanferkel zum Einsatz.

Die Fülle der vielen asiatischen Saucen ist sehr groß. An dieser Stelle beschränken wir uns auf die Sojasaucen und ihre Mischungen.

Wie gesund sind Sojasaucen?

Wegen der geringen Mengen, in denen Shoyu & Co. den Speisen hinzugefügt werden, sind sie nicht wie Grundnahrungsmittel zu messen (z.B. zählt Shoyu nicht bei der Kalorienberechnung), ihre Einflüsse sind aber trotzdem ernst zu nehmen. Es verwundert nicht, dass Shoyu sehr verdauungsfördernd wirkt. Für Menschen mit Glutamat-Unverträglichkeit kann diese Verdauungsförderung – trotz der natürlichen, bei der Fermentation entstehenden Form des Glutamats – über das Ziel hinausschießen (Chinarestaurant-Syndrom).

Ähnlich verhält es sich bei Personen mit Bluthochdruck. Sie sollten Salz meiden. In Sojasaucen, z.B. aus China, ist zum Teil viel Salz enthalten (bis zu 30 %). Es sollten salzarme japanische Varianten gewählt werden, die im Handel erhältlich sind (z.B. von Kikkoman). Shoyu kommt generell mit weniger Salz aus (rund 18 %, Kikkoman gar mit 14,4 %). Dazu trägt auch das Umami bei. Die asiatische Küche hat den Vorteil, dass kein zusätzliches Salz gegeben wird. Davon profitieren auch Diabetiker.

Die Gesundheitsüberlegungen können auch nur für traditionell gebrautes Shoyu angestellt werden. Für Chemie-Shoyu gelten die Besonderheiten der künstlichen Komponenten; sie sind aber auch nicht giftig. Tamari (ohne Weizen und – Achtung! – auch ohne Gerste) ist per se glutenfrei (keine Zöliakie).

Die traditionell gefertigten (natürlich fermentierten) Sojasaucen zeichnen sich nicht nur durch ihren sehr hohen Eiweißgehalt aus (10 g pro 100 ml), sondern auch durch viele nützliche Aminosäuren, und enthalten kein Fett. In Folge stieg der Anteil an Antioxidantien zum Abbau von freien Radikalen/Zellstress auf das Zehnfache von Rotwein (der dies aber aufgrund der durchschnittlich genossenen Menge mehrfach ausgleicht).

Immerhin kommen die Japaner auf einen Jahresverbrauch von 5 Litern Shoyu. Das jährliche Weltproduktionsvolumen liegt bei 6,5 Mio. Tonnen, also 6,5 Mrd. Litern Sojasauce. Sojasaucen enthalten entgegen anderweitiger Behauptungen kaum Mineralstoffe wie z.B. Eisen (bei Zugabe von Eisen färbt sich Shoyu rot!). Dennoch wirken sie gegen Erschöpfungszustände. Sie sollen auch das „schlechte" Cholesterin senken.

Der Champagner unter den Sojasaucen

Das „Nama" der Firma Ohsawa aus dem kleinen Bergdorf Kamiizumi-Mura nordwestlich Tokios wird als „Champagner unter den Sojasaucen" gefeiert. Es reift vier Jahre in den Bottichen aus Zedernholz und wird zweimal fermentiert. Am Ende wird auf die Pasteurisierung verzichtet. Milder und edler Geschmack. Bukett und Farbe dicht und intensiv. Reduzierter Salzgehalt.

Die japanische Küche

Sushis und Sashimis gehören mittlerweile zum Speiseangebot von deutschen Kaufhäusern und Tankstellen. Auch die Spitzengastronomie hat Einflüsse aus Fernost auf sich wirken lassen. Der Ansatz der japanischen Küche passt in unsere Zeit. Manche sprechen gar vom Maß aller Dinge – optisch ausgedrückt durch ein Stäbchenpaar und ein Schüsselchen gefüllt mit Sojasauce.

Was leitet die japanische Küche? Es sind die Produkte, die in ihrer Einfachheit und Qualität ein Gericht bestimmen. Sie stehen im Mittelpunkt des Genusses. Die Saucen, insbesondere die Sojasauce, weihen sie zum Verzehr. Es wird nur so viel gegessen, dass der Hunger gestillt ist. Reste sind in Japan verpönt.

Die japanische Küche achtet sehr auf die Regionalität der Produkte. Bevorzugt werden sie auf dem nächsten Markt gekauft und gekocht, was gerade angeboten wird. Dabei werden die persönlichen Bedürfnisse eines Gastes in den Blick genommen. Ein feuchtes, heißes Tuch, mit dem Hände und auch das Gesicht vor dem Essen abgewischt werden, schafft Konzentration auf das danach Folgende.

Und es dient dem Gesehenwerden. Dann folgt die Reduktion auf das Wesentliche. Jedes Gericht zeigt Tiefe. Der Koch nimmt sich selbst zurück und lässt beispielsweise den Fisch scheinbar ganz so wirken, wie er ist. Hinter dieser Einfachheit steckt aber viel Können und harte Arbeit. Der Gewinn ist die direkte Verbindung zur Natur oder zum Leben selbst. „Wenn wir erfahren, wie die Dinge sind oder sein können, also wie frisch ein Fisch schmecken kann, wenn man ihn entsprechend behandelt, dann fangen wir an, ihn dafür wertzuschätzen", so Malte Häring in der Süddeutschen Zeitung vom 14. August 2020. Diese Weisheit ist nicht an die japanische Küche gebunden, sondern wäre eine universelle Haltung zur Nahrung, geprägt von Respekt.

Exkurs

Echter Wasabi

Der Wasabi ist der Urmeer-Rettich und damit eine Wasserpflanze. Er hat sich nur an wenigen Orten in Japan erhalten, wurde aber an anderen Plätzen der Welt, v.a. in den USA, nachgezüchtet. Sein Geschmack der Frische mit angenehmer Schärfe lässt ihn zur Delikatesse höchsten Grades werden. In Japan führen ihn nur Spitzenrestaurants. Er wird aber auch auf Märkten feilgeboten. Selbst die Blätter werden gegessen. Auch sie enthalten die markante Schärfe. Wir fanden sie in Münchens bestem asiatischen Restaurant.

Restaurant JIN, München

Kochen mit Sojasauce

Japanische Sojasaucen mit ihrem milden, vollmundigen Geschmack dienen als Dip für Sushi und Sashimi (roher Fisch), aber auch zum Kochen von Saucen, Suppen und als Reisergänzung, als Dressing für Salate und zum Marinieren. Sie lassen sich leicht kombinieren mit Mirin, Reiswein, Essig, Sesamöl, Miso, Zitrussaft und der japanischen Basisbrühe (Dashi). Auch Fleischsaucen der europäischen Küche, Barbecue, Hamburger und Snacks gewinnen durch einen Spritzer Shoyu. Immer jedoch gilt das Prinzip des sparsamen Umgangs. Ein Zuviel übertönt alle anderen Geschmacksvarianten. Das Shoyu könnte wie Pfeffer am Tisch zum Nachwürzen stehen – auch und gerade als Salzersatz.

Das Kochen mit dem Wok ist nicht schwer. Am Rande herrschen geringere Temperaturen als in der Mitte. Gemüse behält dort seine Vitamine. Ein Garen im Wok ohne Sojasauce ist unvorstellbar. Hier kommen Ausdrücke aus der chinesischen Küche hinzu: *Chao* = schwenken und sautieren, *Jian* = braten, *Shao* = schmoren oder *Zheng* = dämpfen.

Als fermentiertes Lebensmittel müssen Sojasaucen nach dem Öffnen kühl gehalten werden, also in den **Kühlschrank** als Aufbewahrungsort. Er erfüllt auch das zweite Gebot für den Umgang mit Sojasaucen: der **Schutz vor Licht/Sonne**. So gelagert, halten sich geöffnete Sojasaucen durchschnittlich **bis zu zwei Jahre**. Durch den Kontakt mit Sauerstoff tritt eine Oxidation ein, die den Geschmack selbst nicht verändert, jedoch die Färbung ins Dunkle bewirkt. Dann ist kühle Lagerung aber umso wichtiger. Wenn ein Shoyu beginnt, fischig zu schmecken, ist es verdorben.

Sojasaucen können den natürlichen Fisch- und Fleischgeruch mildern, ja sogar eliminieren. In Marinaden gilt ein Verhältnis von zwei Teilen Sojasauce zu einem Teil restlicher Zutaten. Pro Portion Fleisch werden 3–4 El Sojasauce veranschlagt.

Beim Salatdressing werden Öl und Shoyu zu gleichen Teilen empfohlen, wobei weder das Salzen noch die Zugabe von Essig nötig ist. Braten werden mit Honig und Shoyu im nahezu fertigen Zustand eingerieben und bleiben dann noch ein paar Minuten im Rohr.

Tsuyu-Sauce

Dieser klassische Dip schmeckt durch und durch japanisch. Wie könne er auch nicht? Seine Hauptbestandteile sind Dashi und Sojasauce, zwei der charakteristischsten japanischen Aromen überhaupt. Tsuyu ist ein Muss zu Tempura und Nudeln, aber auch ein nützliches Ass im Ärmel, um allen möglichen japanischen Gerichten, von Feuertöpfen über Gemüse bis zu gebratenem Reis, eine Umami-Note zu verleihen.

Zutaten für etwa 300 ml:

- **2-6 El** Sojasauce
- **2 El** Mirin
- **180 ml** Dashi-Brühe

Zubereitung:

Einfach sämtliche Zutaten sorgfältig miteinander vermengen. Der Anteil an Sojasauce variiert je nachdem, wozu der Dip serviert werden soll. Für einen mildwürzigen Dip zu Tempura oder gegrilltem Fisch nimmt man weniger Sojasauce, für einen kräftigen, konzentrierten Aromaschub oder als Dip zu Nudeln darf die Dosis größer sein. Aber im Grunde ist das reine Geschmackssache – beginnen Sie einfach mit einer kleinen Menge, die Sie dann nach eigenem Gusto schrittweise erhöhen. Die Sauce hält sich im Kühlschank einige Tage.

Auf Varianten dieser Sauce trifft man bei allen möglichen japanischen Gerichten, meist in Form von Teriyaki oder Kabayaki – erstere wird für so ziemlich alles verwendet, letztere für gegrillten fettreichen Fisch, vor allem Aal. Und wie immer man sie nennt, ihre Beliebtheit hat einen Grund – sie schmeckt köstlich. Süß, salzig und umami – das macht diese Sauce zu einem simplen, aber überzeugenden Gaumenkitzel, immer und überall. Unbedingt probieren zu: Hähnchen, Schwein, Rind, Schwertfisch, Jakobsmuscheln, Tofu, Pilzen, Zucchini, Kürbis, Eiern oder im Ofen gerösteten Möhren. Teriyaki-Möhren schmecken aberwitzig gut.

süsse sojasauce

Zutaten für etwa 350 ml:

200 ml Sojasauce
200 ml Mirin
100 ml Sake, Dashi-Brühe oder Wasser (in erster Linie, um die Strenge der Sojasauce etwas zu mildern)
100 g dunkelbrauner Zucker
4 Knoblauchzehen, zerdrückt (nach Belieben)
1 Stück frischer Ingwer (4 cm), in dünne Scheiben geschnitten
2-3 Tl Speisestärke, mit 1 El kaltem Wasser verrührt

Zubereitung:

Sämtliche Zutaten, außer der Speisestärke, in einem Topf vermengen und zum Kochen bringen. Die Temperatur herunterstellen und die Mischung köcheln lassen, bis sie zu einem dünnen Sirup eingekocht ist – etwa um ein Viertel. Knoblauch und Ingwer herausnehmen, die aufgelöste Stärke unterrühren und kurz aufkochen, bis sie bindet und die Sauce eindickt. Abkühlen lassen und luftdicht verschlossen im Kühlschrank aufbewahren – die Sauce hält sich fast unbegrenzt.

Tonkatsu-Sauce

Spielarten dieser Sauce – ein unentbehrlicher Bestandteil in Gerichten wie Okonomiyaki, Takoyaki, Tonkatsu und Yakisoba – sind aus der modernen japanischen Küche nicht mehr wegzudenken.

Zutaten für etwa 600 ml:

200 ml	Worchestersauce
4 El	Sojasauce
2 El	Mirin
1 ½ El	Wein- oder Reisessig
½	Zwiebel, fein gehackt
8	Datteln oder etwa 3 El Rosinen, gehackt
½	Granny-Smith-Apfel, geschält und gerieben
1 Tl	scharfer Senf
1 große Prise	Knoblauchpulver
1 große Prise	weißer Pfeffer
200 ml	Ketchup

Zubereitung:

Worchestersauce, Sojasauce, Mirin, Essig, Zwiebel, Datteln oder Rosinen und den Apfel in einem Topf vermengen, zum Kochen bringen und ca. 10 Min. köcheln lassen, bis Zwiebeln und Datteln bzw. Rosinen sehr weich sind. Den Senf, das Knoblauchpulver, den weißen Pfeffer und den Ketchup unterrühren und die Mischung im Mixer pürieren, bis sie homogen ist. Falls sie ganz glatt werden soll, anschließend durch ein Sieb streichen. In einem luftdichten Behälter gelagert ist die Sauce fast unbeschränkt haltbar.

Bezugsquellen

Shoyu & Co. aus Deutschland:

Markus Shimizu, **Mimi Ferments**,
Stephanstr. 24, 10559 Berlin,
Tel. 030/58709378,
E-Mail: *mimi@mimiferments.com*

Gute Standardqualität liefern **Kikkoman** und **Arche**, Produkte erhältlich in den Regalen großer Ketten und Biomärkten.

Original japanische Shoyu & Co.:

Mikado, Baaderstr. 12, 80469 München,
Tel. 089/26024624, geöffnet 10 – 18 Uhr

Shochiku, Immermannstr. 15,
40210 Düsseldorf, Tel. 0211/365959,
geöffnet: 8.30 – 16 Uhr, auch Onlinehandel

Literatur

Zu Sojasaucen gibt es keine, auch nicht in Englisch. Zur japanischen Küche (mit vielen Rezepten):

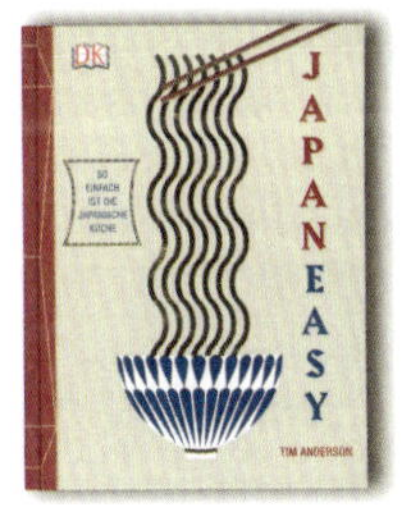

Tim Anderson
Japaneasy
224 Seiten, Hardcover, DK
Penguin Random House, 2017
ISBN 978-3-8310-3451-2

Die Rezepte (S. 92-94) sind diesem Buch entnommen. Mit freundlicher Genehmigung des Verlags.

Für leckere Rezepte haben wir folgende Internetseiten gefunden:

www.essen-und-trinken.de
www.gutekueche.at
www.1mal1japan.de
www.visiontimes.net/die-echte-soja-sauce/

IMPRESSUM

Verlag und Gesamtherstellung
KASTNER AG
Schlosshof 2-6, 85283 Wolnzach
ISBN 978-3-945296-88-2

Quellen- und Bildangaben

Rezepte

Tim Anderson, *Japaneasy,*
Dorling Kindersley | Penguin Random House

Fotos

Eduard Kastner | Dennis Kastner | Eleazar Rojas | Judith Banerjee | Markus Shimizu | Kikkoman Europe (S.20–23, 26/27) | Laura Edwards (S. 89, 90, 92) | JIN | Carolin Attwood (S. 4) | Makistock | Luigi Pozzoli/ unsplash | Sarah Gualtieri/unsplash | Tiard Schulz/ unsplash | Dan Christian Padure/unsplash | somchai-som/AdobeStock | Marisa Herrera | Kelly Sikkema/ unsplash | Vince Veras/unsplash | Cloris Ying/unsplash | Kristian Angelo/unsplash | Tatiana Volgutova/ iStock | YUASA SOY SAUCE Limited | http://visiontimes.net | ksena32 /AdobeStock | VISUALSPECTRUM/ stocksy | Gaelle Marcel/unsplash

Text

Lektorat

Peter Deeg, Regina Stein

Gestaltung

Eleazar Rojas, Dennis Kastner